Sonja Dworzak

Ich atme ein und aus die Welt

Gedichte

FRIELING

Bibliografische Information der Deutschen Nationalbibliothek
Die Deutsche Nationalbibliothek verzeichnet diese Publikation in der Deutschen Nationalbibliografie;
detaillierte bibliografische Daten sind im Internet über http://dnb.d-nb.de abrufbar.

Eine Marke der Frieling & Huffmann GmbH & Co. KG
Rheinstraße 46, 12161 Berlin
Telefon: 0 30 / 76 69 99-0
www.frieling.de

ISBN 978-3-8280-3622-2
1. Auflage 2021
Auch als E-Book erhältlich (ISBN 978-3-8280-3623-9).
Umschlaggestaltung: Michael Reichmuth
Bildnachweis: Smileus · Adobe Stock

Printed in Germany

Inhalt

Dieser Gedichtband ist meinem Mann Alexander in Liebe gewidmet.

Proömium

Anrufung der Musen

Einst aber drängte es mich den Gefühlen Worte zu geben,
Als mir das Herz überquoll in Trauer wie auch in der Liebe.
Musen, höret mich an und haucht ein den lyrischen Trieben
Zärtlichen Eifer, in Versen gereimt, dem poetischen Streben!

Du aber, Euterpe, die mit Flöten begleitet die Lieder,
Stimme mit mir fröhlich ein in das lyrische carmen –
Reichet, ihr Musen, im Tanz und Gesang mir die Formen,
Kommet und lasset euch hier bei mir selig nieder!

Des Menschen Sein

Eine alte Romanze

Leicht schwebt mein Herz in Seligkeit,
Mit dem Wind wehen Gedanken herbei,
Sie decken mich zu wie mit Küssen,
Sie kommen von ferne von dir,
Ich schließe die Augen und träume,
Träume von dir!

Die Arme umschlungen liegen wir da
Im frisch duftenden Gras.
Vögel fliegen um uns her,
Der Wind zerzaust dein wildes Haar,
Sanft wiegen sich die Gräser im lauen Wind,
Du siehst mich an und lächelst,
Streichst über mein Gesicht, zärtlich und sanft.
Schwerelos scheinen wir zu sein,
Nichts hält uns fest, wir halten einander.
Glockenklang kommt aus der Ferne,
Das Leben ist so schön, so schön.
Plötzlich ist es vorbei, der Abschied ist da.
Wir sehen uns an und mit dem Wind
Verwehen unsre Träume.

Du gehst, mein Herz weint.
Wann kommst du wieder, wann?

Der Garten der Liebe

Der Garten der Liebe erblüht ringsherum,
Er weitet sich in die Welt,
Er faltet sich bis ins Universum hinauf,
Birgt alles in sich, wonach man sich sehnt.

Der Garten ist in uns und ist in der Welt,
Die Liebe, sie wurzelt in ihm,
Wie Blumen und Blüten drückt Liebe sich aus,
Die viele Formen erkennt.

Da ist das einfache Glück, das uns hält,
Es blüht in den Frühlingsfarben,
Die Träume, sie steigen den Mohnblumen gleich
In das alles durchdringende Licht hinauf.

Verborgen im Dunkel des Wurzelstocks
Ruht das Sehnen der Seele,
Die, von den Liedern des Gartens erwacht,
Uns mit zart blühenden Bäumen beschenkt.

Im Garten der Liebe begreifst du dich selbst,
Er ist unser wahres Ziel,
Die Liebe, sie ist das verlorene Paradies,
Das du in dir wieder entdeckst.

Der Schwur

Ich möchte dich fühlen, möchte bei dir sein,
Möchte dem Himmel dafür dankbar sein,
Dass du mit dem Lächeln und Herzwohlgefühl
Meinem Sein und dem Leben Geborgenheit gibst.

Ich lausche den Worten, nehm' deine Hand,
Send' deiner Seele das verbundene Band,
Ich küsse im Geist dein Gesicht und dein Haar,
Ich bleibe dein Liebstes für immerdar.

Die Träume, die Liebe und das herzlich Gefühl
Ich nimmermehr fort von mir gebe.
Selbst auch noch im Tode steh' ich zu dir,
Werd' eins mit dir mein Seelenheil leben.

Klagelied

Wenn nun in dieser prächtig Zeit
Die Blumen neu erblühen,
Dann fühl ich, ach, im Herzen drin,
Wie einsam und verwaist ich bin.

Wenn ringsherum die Fröhlichkeit
In Wies und Wald erschallt,
Dann weint mein Herz zur Frühlingszeit,
Weil keine Liebe für mich galt.

Doch irgendwann in meiner Zeit,
Wenn Dornen Rosen tragen,
Spür tief ich in der Seele drin
Der Liebe Licht aufstrahlen.

Wie ich diese Stunden liebe

Wie ich diese Stunden liebe,
Wenn der Tag sich neigt,
Wenn die Vögel scharenweise
Um die Nachtquartiere kreisen.

Schattenbilder werden länger
Und vom Wald zieht Nebel auf,
Unbemerkt vom Dunkelwerden
Blitzen Sterne ringsum auf.

Sanft im roten Schein des Himmels
Kehrt die Ruhe allhier ein.
Das, was laut war und getrieben,
Schlummert, träumt und schläft dann ein.

Waldspaziergang

Die Frühlingssonne lockt uns in die Wälder,
Die teils noch kahl, teils schon mit Blättern stehen.
Die Bäume säuseln Lieder in den Blättern
Und fragen: Kannst du mich verstehen?

Am Waldesrand siehst du die Buschwindröschen,
Die aus dem moosbedeckten Boden ragen
Und in den Farben Weiß und Gelb gleich Sternen
Dir flüstern: Lass uns dem winterlichen Joch entsagen!

Und zwischen all den alten, hohen Bäumen
Keimt unterm Gras, im menschenleeren Haine,
Die Schlüsselblume wiederum aufs Neue,
Die ihren gelben Kelch hinstreckt zum Sonnenscheine.

Frühlingserwachen

Auf den Wiesen ist verschwunden
Schnee, der alles zugedeckt,
Mit den Augen zu erkunden,
Was darunter war versteckt.

Schwarz und dunkel häuft ein Maulwurf
Erde aus dem Boden auf,
Gräbt und schaufelt unumwunden
Überall die Wiesen auf.

Dort im Schatten steht zartblühend
Erstes Schneeglöckchen bereit,
Das im braunen Boden grünend
Uns vom Winterjoch befreit.

Sonnenstrahlen werden länger,
Wärmen Herzen und Natur,
Freudig zwitschern Vogelsänger
Frühlingslieder mit Bravour.

Und ein Bächlein murmelt leise
Unterm Eis, das langsam bricht,
Hüpft und plätschert über Steine,
Wo's auf Frühlingsboten trifft.

Leberblümchen, blaue Veilchen
Ziehen erste Bienen an,
Auf den Weiden blühen Kätzchen,
Künden uns den Frühling an.

Loslassen

Loslassen, ein Wort, das nagend schmerzt,
Ein Blick, der tief in sich gekehrt,
Der Freiheit seinen Raum nun gibt,
Es soll dich deiner Pflicht entbinden.

Die Illusionen deines Lebens,
Die manchmal dir den Weg verstellten,
Die Fesseln, die dein ICH gebunden,
Sie fallen ab auf neuen Wegen.

Nur wenn du freigibst, was du liebtest,
Erkennst du Neues Sein in dir.
Auch wenn du Träume dir selbst wähltest,
Wie Luftballone lass sie los!

Italienisches Lied

Hell lacht die Sonne am sandigen Strand.
Boote schaukeln im kühlen Wind.
Komm und reich mir die zarte Hand,
Sing beschwingt mit mir mit.

Die Gitarren erklingen am Meer,
Zarte Lieder ersehnen noch mehr,
Komm, sing beschwingt mit mir mit.

Mein Herz, das erfreut sich an dir,
Die Liebe fühl ich in mir.
Drum reich mir deine Hand und sag:
„Ich lieb' dich so sehr."

Flieg, Gedanke

All meine Gedanken, sie sammeln sich
Und schweben hinaus in die Ferne.
Sie bauschen Gefühle wie Segel im Wind,
Die der Enge des Herzens entkommen.

Wie kam es, dass Menschen, einander Feind,
Bewusst Leid über andere brachten,
Dass Hoffnung und Wünsche zerrannen,
Aus denen Elend und Kummer entsprangen.

Mit meinen Gedanken seh' ich hinaus,
Wo das grenzenlos Gütige ist,
Mit ihnen rühr ich das Universum an
Und bring' mich harmonisch zum Schwingen.

So flieg nun, Gedanke, himmelwärts auf
Und weite die Tore der Seele!
Erschaffe wie einstmals Odysseus Frau
Ein Werk, das aus guten Gedanken gebaut.

Ich suche dich

Kennst du, mein Herz, mein stilles Sehnen,
Das jeden Tag mein Sein erfasst,
Das nach dir ruft und das dich sucht
Und nicht wie Kerzenlicht verraucht.

Wenn nachts die Sterne hell erstrahlen,
Such ich den Himmel nach dir ab,
Im Glanz des weithin schweifenden Komets
Will liebend ich in deine Augen seh'n.

Erklingt ein Lied, das deinen Namen wähnt,
Eil ich hinaus und schau zum Himmel auf.
Ich atme ein und aus die Welt aus Licht,
Denn du versteckst im Kosmos dich – für mich!

Auf den Flügeln des Glücks

Sehnte ich mich, so sehnte ich mich
Immer nur nach Dir.
Sang ich, so sang ich stets
Ein liebes Lied für Dich.
Träumend sah ich ein Bild,
Es tauchte ein in mein Herz,
Ich spürte, dass ich davon bezaubert
Einem glückseligen Tag entgegenflog.

Unter den Linden

Ich wandre auf staubigen Straßen
Hinab in der Lindenallee.
Es säuselt der Wind in den Blättern,
Ermuntert mich weiter zu gehen.

Im Schatten der uralten Bäume,
Die Freya der Liebe geweiht,
Träumen bis heut noch Verliebte
Heimlich von Liebe zu zweit.

Ich wanderte unter den Linden
Dereinst mit betrübtem Gemüt,
Ich hörte das Flüstern der Bäume,
Die raunend mir sagten: „Sieh hin!“

Und „Unter den Linden“ da stand er
Und schaute sich suchend um,
Das Blatt einer Linde in Händen,
Von der Natur wie ein Herz geformt.

Die Linde, sie steht vor den Toren,
Beschützt und bewahrt das Haus.
Ihre Blüten im Liebeslager
Verführen zum erotischen Rausch.

Was ich will

Wärme, die mein Herz erfüllt,
Einen Blick, der mich ins Paradies entführt,
Hoffnung, die mein Sehnen nährt,
Liebe, die ein Leben währt.

Freude, himmelwärts aufsteigend,
Träume, die mir Wege zeigen,
Wünsche, sanft und liebgewiegt,
Keine Sehnsucht, die versiegt.

Sternenglanz in deinen Augen,
Der das Himmelszelt umstrahlt,
Und den Kuss in deinen Armen,
Das ist, was ich wirklich will.

Liebesnacht

Einen herbstlich Kranz will ich dir binden,
Den flecht' ich dir ins Innerste hinein.
Den Duft der letzten Rosen will ich bringen,
Er soll dich zwingen mein Liebster zu sein.

Das Lautenspiel soll hell für dich erklingen,
Der Klang des Liedes dringt ins Herz dir ein.
In Versen, die zu dir die Liebe preisen,
Sink ich, Geliebte, auf den Boden nieder.

Heiß lässt die Sehnsucht ihre Herzen glühen,
Die wonnevoll die Liegestatt berührt,
Die Nacht, die ihre liebesheißen Glieder
Heimlich verschwörerisch ins Dunkle taucht.

Es war einmal

Oh, welche holde Seligkeit!
Welches Verlangen!
In meinem weiten Herzen
Ruhen sie aus.

Aber die glücklichen Tage
Der Liebe vorbei –
Herzliche Worte entflohen,
Nun bin ich allein!

Dunkle Schatten im Innern
Legen sich auf mich!
Schwermutversunken sitz' ich,
Erwarte nur dich!

Alles kommt und geht

Wie eine Melodie, die in dir klingt,
In warmen Tönen in die Weiten hallt
Und fröhlich heiter in das Herz eindringt. –

Wie Regenschwaden, die der starke Wind
Zu dunkelschweren Wolkenbergen ballt,
der leise grollend das Gewitter bringt. –

Und wie die Flut am nahen Uferrand
Der Menschen Füße rasch im Sande tilgt
Und niemand Spuren mehr am Boden fand, –

So gleitet hin dein Traum vom Glücklich-Sein,
Löst sich bisweilen auf, zerstiebt, zerspringt,
Verblasst in deinem Geist wie Kerzenschein.

Fantasiebilder

Meine Wünsche reisen
In ein fernes Land,
Wo geliebte Herzen
Froh im Reigen kreisen.

Meine Lieder klingen
Bis zum Sternenrand,
Wo vereinte Seelen
Ewiglich sich schwingen.

Deine Augen glänzen
Wie der Sonnenschein,
Denn der Liebe Strahlen
Finden keine Grenzen.

Meine Tränen stocken,
Schau ich in dein Herz,
Wo erhoffte Träume
Paradiesisch locken.

Hoffnungsvolle Bilder,
Die der Sommer malt,
Haben meinem Herzen
Seine Qual gemildert.

Der Zauber alter Lieder

Alte Weisen klingen leise
Zu der Seele Melodie,
Die schon unsre Ahnen sangen
Auf der langen Lebensreise.

Gerne höre ich die Klänge
Aus der fernen Heimatstadt,
Wenn sie uns die Tore öffnen,
Schwindet hin des Herzens Enge.

Zauber schweben nun hernieder
Bilder längst vergang'ner Zeit,
Die die Sehnsucht neu erwecken
Mit den altbekannten Liedern.

Kurze Träume aus der Heimat,
Die des Nachts im Schlaf entstehen,
Lassen auch die Saiten schwingen
Hoffend auf ein Wiedersehen.

Terror

Blinde, zügellose Raserei
Schüsse auf unschuldige Menschen
Morden, Töten, Vernichten
Hass in Seele und Geist.

Unendlich tiefe Trauer
Niemand bringt sie mehr zurück
Verletzte Menschen und Seelen
Leid für alle Zeit.

Kein Gott befiehlt das Töten
Keine Religion sät Hass
Verblendete Menschen morden
Ihnen tut nichts leid.

Gefühlskreisel

Wie ein Rad, das niemals stillsteht,
Wie ein Wind, der nie vergeht,
Wie ein Kreisel drehn Gedanken,
Die im Schicksalsbild entstehen.

Wie ein Hauch dich zart berührend,
Wie ein Kuss, der dich verführt,
Wie ein Mühlrad gehen Gefühle,
Die mein Sein oft irreführen.

Wie ein Stern, der ewig funkelt,
Wie der Mond die Nacht erhellt,
Wie Planeten schweifen Träume,
Die den Weg ins ICH verstellen.

Wie ein Rad, das niemals stillsteht,
Wie ein Wind, der nie vergeht!

Es brennt ein Licht

Es brennt in meinem Herzen
Ein Licht, das Liebe heißt,
Das strahlt wie tausend Kerzen
Und Hoffnung mir verheißt.

Ich träum' in manchen Stunden
In stiller Seligkeit,
Mein Herz hat dich gefunden,
Vorbei ist altes Leid.

Ich blick' zum weiten Himmel
Und such' den Stern von dir,
Im lichterhell'n Gewimmel
Zeigt er den Pfad zu dir.

Ich träume von dir

In Nächten wie dieser,
Da träum' ich von dir.
Sehe blühende Wiesen,
Wo ich liege mit dir.

Die Arme umschlungen,
Dein Haupt, hier bei mir,
Kann fühlen die Wärme,
Sie strömt sanft zu mir.

Dein Lächeln verzückt mich,
Scheint ins Herz mir hinein,
Deine Lippen schmeicheln,
Liebkosen mein Sein.

Der Wind flüstert Lieder
Von Liebe und Wein,
Das Rauschen der Blätter
Wiegt sanft uns zum Schein.

Und nachts deckt der Himmel
Mit Sternen uns zu.
Es ruft aus der Ferne
Der Uhu zur Ruh.

Aurora beginnt nun
Den Tagesablauf,
Erhellt, was verborgen,
Im schimmernden Lauf.

Ich öffne die Augen,
Bereit dich zu sehen,
Erkenne im Wachen
Im Traum war's gescheh'n.

Ein Lied für dich

Zwei Flöten spielen leise
Die altbekannte Weise,
Die meinem Herz entspringt,
Nur für dich alleine.

Hörst du den Wind,
Der von Liebe spricht,
Hörst du den Klang der Schalmei,
Die lockt und nach dir ruft?

Die Melodien erklingen
Berauschend zart und schön,
Die für mich jederzeit
Freud und Trost mir bringen.

Hörst du den Wind,
Der von Sehnsucht spricht,
Hörst du den Klang meines Herzens,
Das überall dich sucht?

Zwei Flöten klagen beide
Von Trennung und von Tod,
Für uns erklingt die Weise,
Ganz heimlich leise.

Ich wünsche mir

Ich wünsche, ich könnte mit dir heute eilen
In ein Land, das ferne und weit,
Das bis an den offenen Himmelsrand
Die Hoffnung auf Liebe mir zeigt.

Ich wünsche, ich könnte mit dir verweilen
An dem lauschigen Uferstrand,
Wo Blumen und Gräser sich wiegen
Und Kinder sich Zeit mit Spielen vertreiben.

Ich wünsche, ich könnte mit dir heute singen
Manch Lieder, die heimatlich klingen,
Ich sänge von Liebe und Schicksal zugleich,
Das mich von dir hat grausam entzweit.

Ich wünsche, ich könnte dich wieder umarmen,
Dich küssen und inniglich lieben
Und wir könnten lachen und Träume neu weben –
Doch nichts davon ist mir geblieben.

Ich wünsche mir von Herzen so sehr
ich wünsche mir von Herzen
ich wünsche mir
ich wünsche
ich …
NICHTS MEHR!

Liebeslied

Oh süßer Klang,
Der mich betört,
Du meines Herzens Stimme,
Oh lieblich Lied,
Das mir erklingt
Gleich einem Engelchor.

Oh welch Lied,
Das zart und fein,
Kann meine Sehnsucht stillen,
Das leis ertönt
Und um mich streicht,
Wenn ich dein Antlitz seh'.

Die Liebe groß,
Das Herz in Brand,
Lieg' ich an deiner Seite.
Ich raune dir
Ganz leis ins Ohr,
Dass uns die Lieb' begleite!

Liebe und Glück – das Zweigespann

Auf allen seinen Lebenswegen
Ersehnt der Mensch das Glücklich-Sein,
Er wandelt oft auf holprig Stegen,
Streift unbedacht an ihm vorbei.

Er sucht begehrlich nach der Liebe,
Die viel zu oft als Wehen entweicht,
Erkennt zuletzt nur menschlich Triebe,
Die Glück und Liebe hab'n entzweit.

Die Liebe wächst in langen Jahren,
Gleich grünem Efeu rankt sie auf,
Kein Unheil kann dir widerfahren,
Lässt du dem Glück dann seinen Lauf.

So wandeln auf dem Herzensgrunde
Seit ew'ger Zeit wie ein Gespann,
Vereint, verknotet und verbunden
Die Liebe und das Glück voran.

Du bist mir nah

Ich sehe dich an deinem Fenster sitzen,
Lächelnd zu mir und einem Engel gleich,
Der strahlend schön mein Leben hier geleitet,
Mich streift und voller Liebe mich umfängt.

Du musstest geh'n, es waren Gottes Worte,
Ohne dich nochmals nach mir umzudrehen,
Dein Leben schwand nur in Sekunden hin,
Für uns gab es in dieser Welt kein Wiedersehen.
Ich küsste dich, strich über deine Haare,
Als du im Sarg mir wieder warst gegeben,
Der Augen Blick ins Jenseits war gerichtet,
Und deine Hände waren kalt und bleich.

Ich finde dich auf allen meinen Wegen,
Spür deines Körpers Wärme in mir drin,
Umarme dich mit allen meinen Sinnen,
Und meine Seele weiß, du bist mir nah.

Herbsttage

Der Herbst in seinen schönsten Farben
Wandelt in gelben Tönen die Natur,
Die Bäume, reich mit Frucht beladen,
Zieren bunt leuchtend Wald und Fluren.

Der Tag mit warmen Sonnenstrahlen
Erblüht in herbstlich frischem Glanze,
Wo letzte Rosen ihre Blüten falten,
Vereinen Schmetterlinge sich zum Tanze.

Ein Netz mit tausendfachen Fäden
Ins Strauchgewirr kunstvoll hineingewebt,
Manch Spinnen, ihr Geflecht gestaltend,
Lauern unermüdlich auf Getier.

Nächtlicher Tau benetzt die Wiesen,
Die nur mehr wenig Blumen tragen,
Langsam werden die Abende länger,
Die lauen Winde wehen kalt und rau.

Die Zeit der Pandemie

Soziale Distanz (Beginn März 2020)

Wie wahr, dies Leben, wie es vorher war,
Sinkt langsam schwindend nieder.
Das Virus hat schlicht unleugbar
Den Weg zu uns gefunden.

Was hilft es uns, darob zu klagen,
Dass Tür und Tore sind versperrt.
Vergnügungen muss man entsagen,
Begrüßungsküsse sind verwehrt.

Kannst du das Unheil nicht erkennen,
weil du bis jetzt bist noch gesund?
Das Virus kommt und wird dich trennen
Und gibt dir dafür jeden Grund.

Wie wahr, dies Leben, wie es derzeit ist,
Lasst uns mit Gleichmut tragen!
Die Menschen, die ihr jetzt vermisst,
Sie werden später auch noch nach euch fragen.

Reich mir (nicht!) die Hand

Wenn du im Erdenkleid die Welt betrittst,
Spürst du die warme Hand des Mutterglücks,
Die dich umsorgt und liebevoll berührt,
Dich hält, wenn schmerzlich du den Halt verlierst.

Du lernst beim Gruß die Hand zu reichen,
Die dir dein Gegenüber höflich gibt,
Der Handschlag, als Symbol der Einigung,
Ist Ritual, gehört zum guten Ton.

Im Gotteshaus ergeht der Friedensgruß,
Der ohne Kuss mit Hände-Schütteln geht,
Doch jetzt, in den Corona-Zeiten
Muss dieser Brauch dem Virus weichen.

Und überall, wo du auf Menschen triffst,
Die vorher du mit Handschlag hast begrüßt,
Stehst du auf Abstand, winkst hilflos zu,
Seufzend: „Wann sind wir dieses Virus los?"

Wie Don Giovanni einst im Liebesrausch,
So sing ich laut aus tiefstem Herzen raus:
„Reich mir die Hand, geliebtes Leben,
Komm auf den Platz mit mir hinaus!"

Allerheiligen

Ach, Freunde, die ihr hier noch lebt
Und jetzt zu unsren Gräbern strebt,
gedenkt im Stillen unsrer Lieb',
Des irdisch Leben, das euch blieb.

Nun ist der Staub das Heimathaus,
Wir schauen sehnend nach euch aus.
Wir sind der Welten Last entflohen,
Warten auf euch vor Gottes Thron.

Ist auch der Umzug jetzt verwehrt,
Der geistlich Segen allen gehört,
Denn unser Herz, in Staub gesenkt,
Ist selig, wenn ihr an uns denkt.

Advent 2020

Wir haben sie oft besungen,
die stillste Zeit im Jahr,
wenn Lärm und Tanz sind verklungen,
War die Adventzeit da.

Im Laufe der vielen Jahre
Macht' sich Geschäftlichkeit breit,
Die stillste Zeit im Jahre
war ohne Gemütlichkeit.

Wir schleppten Geschenkpakete
Aus den Geschäften hinaus,
weilten auf Weihnachtsmärkten,
Hielten Stille nicht aus.

Doch Advent zwanzigzwanzig
Hat uns die Ruhe gelehrt,
Der Duft von köstlichen Keksen
Breitet sich überall aus.

Still wird's am Abend auf Straßen,
die einsam im Dunkel liegen.
Von weit hört man alte Lieder,
Die wir zur Weihnachtszeit singen.

Es weihnachtet wieder

Raue Nächte sternenhell,
Kerzenschein im Fenster,
Und im Windhauch flackern grell
Bilder wie Gespenster.

Schwebend steigen Düfte auf,
Scheite glühen im Kamin
Und in meinen Ohren summen
Altbekannte Melodien.

Und dann zieht der Weihnachtsbaum
Ein in alle Häuser,
Tannenduft erfüllt den Raum,
Stimmen klingen leiser.

Weihnachtsfrieden kehrt hinein,
In das Sein der Menschen,
Und mit seinem Widerschein
Erhellt ein Stern die Herzen.

Silvester 2020/2021

Nach einem Jahr der Pandemie

Ich trat vor meine Tür hinaus,
Da lief ein Schwein geradeaus.

Ich streckte meine Hand ihm hin,
Damit es Glück herein mir bringt.

Und plötzlich schaute dann ganz keck
Der Rauchfangkehrer noch ums Eck.

Er drückte fest mir in die Hand
Ein Eisen, rundgebogen, als Pfand

Für Glück und legte obenauf
Ein Kleeblatt mit Marienkäfer drauf.

Mit so viel' Glückszeichen beschenkt,
Reich ich dem neuen Jahr die Händ',

Ich räucher' meine Wohnung aus,
Jag's alte Jahr zum Teufel raus.

2021 – Es ist Fasching in der Zeit der Pandemie
(ein Akrostichon)

K-ein Publikum lacht in der Sitzung
A-ngst vor Ansteckung verhindert Geselligkeit
R-eihenweise leere Plätze schaffen Tristesse
N-arrenmund tut Weisheit kund
E-lferrat sitzt mit Pappfiguren auf der Tribüne
V-irus hat die Welt im Griff
A-bstand halten als Respekt ist Gebot der Zeit
L-achen und Humor gehören zum Fasching
TROTZ CORONA-PANDEMIE!

Nachdenkliches

Zerwürfnis

beschimpft, bekriegt, beleidigt,
befeindet und befehdet –
dann eine Wut im Herzen,
durch keine Macht beruhigt.

gelöst, gebannt, geächtet,
kraft niedriger Gefühle
hinfort des Lebens Mächte,
der strahlend Schein dahin.

die Seelen eng verbunden,
geseufzt, geschluchzt, geklagt,
und doch, wenn Engel leiten,
im Innern nicht verzagt.

Phantasie in Moll

Es schweben sanft die Töne auf und nieder,
Sie haben sich im Schwingen leicht gefunden.
Der Weltenrand ist weit und ungebunden.
Ich finde mich, wie's scheint, in Träumen wieder.

Vor meinen Augen grüne Wälder stehen,
Wo Bäche wie Gesänge leise rauschen,
Dort kann mein Herz nun deinen Schwüren lauschen,
Die sehnsuchtsvoll nach meiner Liebe flehen.

Als ob von Blättern Regentropfen fallen,
Die ungehört in der Natur verhallen,
Versinkt der Traum, den Melodien tragen.

Doch weiß ich auch, du kommst nie mehr zurück,
Mir liegt im Herzen drin vergangenes Glück.
Ich weiß, ich werde neue Wege wagen!

Illusionen

Bilder im Sinn,
Gefühle vertieft in dir drin,
Hoffnungsvolles Warten.
Ein Traum, dein Traum, zerbricht,
Brennender Schmerz zerreißt dir das Herz.
Illusionen hast du dir gemacht,
Ein Stich, als sie zerbrachen.
Tiefe Verzweiflung,
Melancholie!

Hoffnung keimt auf,
Freude auf etwas Wundervolles.
Du wartest mit klopfendem Herzen.
Wieder ein Traum, ein wunderschöner Traum.
Er wird brüchig, zerreißt und liegt zerbrochen vor dir.
Abermals unerfüllte Illusionen,
Leere in deiner Seele,
Gram und Pein,
Trostlosigkeit!

Zerbrochene Freundschaft

Eigen ist es, erst jetzt zu erkennen
Der Freunde Wahrheitsgefühl.
Kein Mensch kennt den anderen,
Du hofftest, er wäre dein Freund.

Du ermaßest die eine als Freundin,
Die lieb und wert für dich war.
Nun bist du für sie entbehrlich,
Als Freundin schon nicht mehr sichtbar.

Fürwahr, Zweifel erfassten dich niemals,
Du hieltest die Freundschaft für ehrlich.
Die Kränkungen trafen dich schmerzlichst,
Der Stachel sitzt tief in dem Herz.

Eigen ist es, Verlust zu erleben,
Zerbrochene Freundschaft tut weh!
Verschwunden sind traute Gespräche,
Als hätte der Wind sie verweht.

Jenseits dieser Welt

Was weiß man schon vom Leben drüben,
In einer Welt, die tief und weit,
Wo keine Schatten Wege trüben
Und Frieden herrscht für alle Zeit.

Wenn wir uns dann im Jenseits sehen,
Wo alles hell und licht erscheint,
Wirst du an meiner Hand mich nehmen,
Wie einst im irdisch weltlich Sein?

Ich seh' dich an der Himmelspforte,
Dahinter Seligkeit erblüht,
Versiegt sind Tränen an dem Orte,
Wo Liebe hellen Glanz versprüht.

Was weiß man schon vom ew'gen Leben?
Vom Leben in der Ewigkeit,
Nur dass wir uns zur Ruh' begeben,
In einer Welt ohn' Raum und Zeit.

Maskenfest

Es trägt so mancher Mensch in seinem Tun
Ein Maskenbild mit sich herum.
Er wechselt dies je nach Belieben,
Sein wahres ICH lässt er im Blendwerk liegen.

Die Maskerade unsres Daseins,
Ein Mummenschanz zu jeder Zeit,
Sie wird gespielt in allen Lebenslagen,
So ist manch Unbill leichter zu ertragen.

Wenn Menschen reifen und begreifen,
Dass sie als Maskenträger sind erkannt,
Und lassen ihre Masken fallen –
Wer wird sie dann noch rühmen?

Leises Flehen

Leise flehen meine Wünsche
Durch des Äthers lichte Flur,
Heiß ersehn ich deine Küsse
Und die Liebesstunde nur.

Ach, wann kommst du, mein Geliebter,
Der mich zärtlich dann umarmt,
Der mit leuchtend roten Rosen
Bettet mich in seinen Arm.

Heiß ersehn ich deine Schwüre,
Sauge deinen Atem ein,
Höre in den Liebesstürmen
Aphrodites Flüsterei'n.

Eng umschlingen unsre Arme,
Was der Liebe ist geneigt,
Und wir hauchen unser'n Herzen
Feurig Liebesglut hinein.

Amor, Venus, Aphrodite
Lächeln an der Lagerstatt,
Sie beflügeln unsre Sinne,
Wehren Störenfriede ab.

Ach, so gib mir hundert Küsse,
Tausendfache und noch mehr,
Ich will in dem Meer ertrinken.
Wie ich mich nach dir verzehr!

Wintertag

Zart legt sich der Frost auf Wiesen,
Deckt mit Eiskristallen zu,
Was im hellen Strahl der Sonne
Glitzert wie ein Sternenmeer.

Bitterkalt ist es geworden,
Rauch steigt aus Kaminen auf,
Vögel suchen Schutz in Ecken,
Plustern ihre Federn auf.

Hauchzart malt der Frost ans Fenster,
Fein und schimmernd Blumen an,
Die wie diamant'ne Tränen
Schillernd ziehen ihre Bahn.

Hell und klar zeigt sich der Himmel,
Eis'ge Luft umweht das Haar,
Aus den Mündern schweben Wölkchen,
Und die Wangen sind rot umsäumt.

Leise Gedanken

Es schweben Gefühle in deinem Herzen viel,
Sie alle träumen vom selben Ziel.

Du kannst sie flechten und weben wie einen Kranz
Und schenkst dir damit schimmernden Glanz.

Wir leben allein für schöne Gefühle,
Sie bringen die Sehnsucht wieder zum Glühen.

Und gehst du mit ihnen ungerecht um,
Erlischt das Leuchten um dich ringsherum.

Was ist Musik

Was ist Musik? Ein ewig schönes Lied,
Woraus das Licht des Herzens hell erglüht,
Woraus der Klang der Liebe neu aufwühlt.
Ist ein Choral, der nie im Ohr verklingt,

Ein hoher Fels, der tausendfach umspült,
Ein Geist, der aus der Finsternis entflieht,
Ist ein Gedicht, das niemals Hass beschied,
Das, oft gehört, verebbt, verhallt, verblüht.

Ein Schöpfungsakt für die Unendlichkeit,
Voll zauberhaft berückend schöner Töne,
Wohlklingend vertieft ins unaussprechlich Schöne,

Ein Reigen, der den Himmlischen geweiht.
Und wenn du auch beseelt zu singen wüsstest,
Ein Universum, das sich in sich gründet.

Engelgeflüster

Sie stehen gütig, sanft und mild,
Vertrauensvoll um mich herum.
Ihr friedvoll liebevolles Licht
Streift einig meine menschlich Sicht.

Ich fühle ihre Gegenwart
Wie einer Mutter Liebe,
Und ihre Flügel sonderbar
Umhüllen mir Gesicht und Haar.

Jetzt horch ich in mein Herz hinein.
Hold klingen ihre Lieder,
Wie nie gehörten Sphärenklang
Bringen sie die Welt zum Singen.

„Du gutes, liebes Erdenkind,
Wir sehen all dein Leiden,
Doch wisse, wir sind für dich da,
Vertrau auf unsre Liebe.

Streif ab die irdisch Kümmernis,
Erlaub dir Glück und Fülle
Und wisse, du bist nie allein,
Begleitet von der Engel Schar!“

Ich lass nun meine Engel los,
Geb ihnen Raum zum Fliegen,
In einer Hand halt ich mein Seelenlos,
In der anderen mein Leben.

Die dunkle Seite in mir

Ich suche die Hoffnung im Herzen,
Da treffe ich Nebel an,
Die düster und kältebringend
Mir Fesseln aus Eis legen an.

Ich wand're im Dunkel der Seele,
Starre Kälte erfasst mein Sein.
Flieg' träumend auf sanften Schwingen
mit dem Vogel in Edens Garten hinein.

Ich wandle am Meeresgrunde
Still auf einsamen Pfaden dahin.
Schreite wie Orpheus im Schattenlande,
Wo mich Finsternis qualvoll umschlingt.

Es erklingt die Klage der Seele,
Dass niemand mich einstens vermisst,
Dass keine Gebete flehen,
Kein Herz sich erinnert an mich.

Verlorenes Leben, vergangene Müh',
Verborgene Sehnsucht im Herzen,
Ich schreie nach Liebe, die mich wärmt,
Ein hohler Schrei, von niemand erhört.

Tonlos umgibt mich Vergessenheit.
Mein Leben ist tiefschwarz verloren.
Am Ende der trostlosen Bahn
Reicht mir Gott seine liebende Hand.

Zu spät

Ich hab dich im Traum heute lachen gesehen,
Doch ich konnte dein Lachen nicht hören.
Alle Bilder, die mir im Geiste erstehen,
Wollten im Herzen versteckt mich betören.

Vergangene Jahre, ich suche die Zeit,
Die verweht ist in Sehnsuchtsgefühlen.
Die Liebe versiegte, du warst nicht bereit,
Dein Herz verharrte erstarrt für mein Leid,
Doch du wolltest die Seufzer nicht hören.

Wo warst du, als jung noch mein Körper war,
Als Wünsche an Bäumen hoch hingen,
Als die Sehnsucht so groß und ich dich nicht sah,
Wo warst du, als ich trübe Stunden gewahrt
Und kein anderer konnt' Hoffnung mir bringen.

Doch nun ist mein Verlangen verebbt und verblüht,
Wie ein Stern nachts erscheint und leise verglüht,
Und mein Herz spürt die Regung nicht mehr.

Auch wenn ich im Traume dich weinen würd' sehen,
Würden deine Schwüre und Tränen verwehen,
Denn für reuevolle Liebe ist es jetzt viel zu spät.

Adieu

So viele Jahre ist es her,
Dass sie auf ihn gewartet.
Ihr Blick schweift weit und ausdrucksleer
Hinüber in Gesichter,
Die unbekannt vorübergehen.

Und in dem Schleier tauchen auf,
Wie aus dem Meeresgrunde,
Die Bilder, die im Zeitenlauf
Hell leuchten gleich Irrlichtern,
Die nahe ihr am Herzen stehen.

In ihrem Anblick zeichnen sich
Die kummervollen Falten.
Das Ungemach, das um sie schlich,
Ruht tief in ihren Augen,
Die freudlos trist das Ende sehen.

Zu viele Jahre ist es her,
Dass er darauf gewartet.
Er weiß, für ihn war es zu schwer,
Verzeihung zu erbeten,
Es bleibt nur Frieden zu erflehen.

Adieu, Leb wohl, auf Wiedersehen
Steht auf dem Stein zu lesen,
Wer kann den Tränen widerstehen?
Für diese ist es jetzt zu spät!

Heiteres

Der Sperling

Auf einem Ast im wirr'n Geflecht,
Da sitzt der Sperling im Geäst.

Er flattert wild auf seinem Strauch
Und plustert frech die Federn auf.

Das Futtersäcklein ist bald leer,
Sieht das vom Hause keiner mehr?

Und ohne sonderliche Freude
Hüpft er vom Ast hin zum Gebäude.

Jetzt pickt er schnell die Körner auf,
Fordert dann seine Freunde auf,

Sie sollten sich fürwahr beeilen,
Bevor die Amseln hier verweilen.

Und flugs mit lautem Zwitscherton
Kommt die Armada angeflog'n.

Nun hängen sie mit Kopf nach unten,
Als ob sie an Geräten turnten,

Und zupfen in der Sperlingsschar,
Bis dass die Nüss' im Netz sind gar.

Das Futtersäcklein ist nun leer,
Wer schafft für uns den Nachschub her?

Von Hexen und Kürbissen

Dunkel wird's, die Nebel jagen,
Menschen schleichen durch die Nacht,
Spitze Hüte, schwarze Mäntel,
Spinnennetze auf dem Bauch.

Grimmig, grausig leuchten Köpfe
Auf den Fensterbänken auf.
Kichernd schlurfen kleine Menschen
Vor den Türen, welch ein Graus!

Geister schweben auf den Straßen.
Plötzlich schlägt die Turmuhr zehn.
Poltern, pochen an den Türen,
Lautes Rufen lockt dich raus.

Dir erstarrt vor Angst und Schrecken
In den Adern schon das Blut.
Teufel, Hexen und Gespenster
Drehen, kreisen vor den Fenstern.

Mit Geheul, Geschrei und Grinsen
Treiben sie ihr böses Spiel,
Streichlos zieh'n die Geister weiter,
Wenn sie Süßes von dir kriegen.

Schneeflockenwalzer

Sie kreisen und wirbeln im Winde dahin,
Bedecken Wiesen und Wälder,
Die Vöglein, sie fliegen nach nirgendwohin,
Bleib'n sitzen und picken auf Tellern,

Dann zwitschern sie frech und plustern sich auf,
Verscheuchen Vogelrivalen.
Die Winde, sie blasen die Flocken heran,
Die tanzen, mir scheint, im Dreiviertel,

Es wiegen die Sträucher die Äste im Takt,
Mal rechts, dann mal links im Walzer.
Verschwunden sind Spuren der Tiere im Schnee,
Weiß kleiden sich Felder und Fluren.

Vogelgespräch am Balkon

Einst haben nur wir am Geländer gehockt
Mit Zwitschern und Flügelschlag.
Jetzt haben sie mehr den Wäldern entlockt,
Das Futter um vieles aufgestockt,
Nun mindert sich unser Ertrag.

Die Stare und Spechte erdreisten sich gar,
Das Vogelhaus zu erkunden.
Sie spechteln und halten's für untragbar,
Dass nur Meisen und Spatzen klar
Die Erdnüsse munden.

Die Meisen schaffen den Nachwuchs heran,
Sie zetern und schimpfen mit Spechten.
Die schauen erstaunt und gelassen dann
Fast mitleidig die Bande an
Und warten geduldig auf Ästen.

Zum Schluss schreit der Buchfink die Meise an:
„Geh, Oida, hoit an Meter Abstand!"
Die Meise twittert dem Grobian,
Manieren zu lernen irgendwann,
So lang sich dort oben Futter befand.

„Da sitzen sie nun, den Wäldern entfloh'n",
Beklagen die Meisen einträchtig.
„Sie sitzen da, auf unsrem Balkon!
Und haben laut zwitschernd uns zum Hohn
Sich unseres Futterplatzes bemächtigt."

Limericks

Zur Abwahl von US-Präsident Donald Trump im November 2020

You are fired

Der Donald tobt laut in Manhattan,
Er könnt auf 'nen Wahlbetrug wetten.
Er spielt lieber Golf,
Lügt wie einst Adolf,
Democracy bannt ihn in Ketten!

Martinigans

Der heilige Martin von Tours
Wollt' predigen, wie ich erfuhr.
Gänse watschelten an,
Lautes Geschnatter hob an.
Das Gelage begann um fünf Uhr!

Säuferglück

Es gingen zwei Zecher nach Hause.
Sie brauchten vom Saufen 'ne Pause.
Im Geist sturzbetrunken,
Zu Boden gesunken,
Jetzt haben sie 'ne Reblaus zur Jause.

Glücksspiel

Es liebte der Hans aus Amstetten
Ein Girl, um das wollte er wetten.
Das Spiel ging gut aus,
Er nahm sie nach Haus,
Jetzt liegt er bei ihr oft in Ketten!

So eine Zicke

Es wollte Apoll hier auf Erden
Mit Liebe die Daphne umwerben.
Sie rannte davon,
Ihm blieb nur der Hohn,
Jetzt hört bloß der Lorbeer sein Werben.

Epilog

An den Dichter

Die Träume, die uns heut gesandt,
Geben uns Kraft zum Leben.
Das Glück, das einstmals uns entschwand,
Wird uns niemals mehr gegeben.

Doch was das Glück uns jetzt beschert,
Sollst du im Herzen tragen.
Was heut die Poesie uns schenkt,
Kann niemand uns verwehren.

Drum bleib gesund, ich denk an dich
Und lese deine Verse.
Denn in Gedanken sind wir nah,
Selbst an manch unbequemen Tagen.

Über die Autorin

Sonja Dworzak, verheiratete Runtsch-Dworzak, Jahrgang 1958, studierte Altphilologie und Geschichte in Salzburg, wo sie ihr ganzes Leben verbrachte. Über dreißig Jahre unterrichtete sie im Gymnasium Hallein in der Nähe von Salzburg. Im Mai 2020 ging sie in Pension. Kurz vor der Beendigung ihrer beruflichen Laufbahn wandte sie sich dem Schreiben von Lyrik zu. Die Freude an Lyrik entstand durch die Beschäftigung mit Texten antiker Autoren. Daraus erwuchs ihr Wunsch selbst Gedichte zu verfassen, von denen sie einzelne zu Lyrik-Wettbewerben einreichte. Befreit von beruflichen Verpflichtungen findet sie nun Zeit sich ihrer kreativen Seite zuzuwenden. Als Self-Publisherin gab sie ihre erste Gedichtesammlung «Etwas hat mich tief berührt» im Verlag *tredition* heraus. Im Verlag *Karin Fischer dlv* erschien im Herbst 2020 ihr Gedichtband »In meinen Gedanken gibt es einen Raum». Parallel dazu schreibt sie auch Prosatexte, derzeit arbeitet sie an ihrem ersten Roman. Die Teilnahme an Anthologien gibt ihr die Chance, sich schriftstellerisch weiter zu entwickeln. Im *Frieling-Verlag* ist sie bisher in vier Anthologien, »Lebensträume», »Welt der Poesie», »Die Zeit der Stille» und »Wenn Worte blühen» als Autorin vertreten.